AF118857

	Informations personnelles:
Nom:	Date de naissance.
Adresse:	
Adresse d'affaires:	
Email:	
Téléphone mobile:	
Téléphone fixe:	
Fax:	

	Personne à contacter en cas d'urgence
Nom:	Relation:
Adresse:	
Téléphone mobile:	
Téléphone fixe:	
Email:	

Remarques

Année: _____ Mois: _____ Modèle: _____

Date / Temps	Changement d'huile	Filtre à air	Pneus d'équilibre	Alignement des roues	Filtre à carburant	Entretien des freins	Bougies	Transmission	Balais d'essuie-glace	Batteries	Radiateur	Ceintures	Kilométrage

faire: Date d'achat:

modèle: prix d'achat :

plaque d'immatriculation: formulaire acheté :

Date/Temps	Entretien/Commentaires	Kilométrage

Remarques:

Année: _____   Mois: _____   Modèle: _____

Date/Temps	Changement d'huile	Filtre à air	Pneus d'équilibre	Alignement des roues	Filtre à carburant	Entretien des freins	Bougies	Transmission	Balais d'essuie-glace	Batteries	Radiateur	Ceintures	Kilométrage

faire: _____ Date d'achat: _____
modèle: _____ prix d'achat : _____
plaque d'immatriculation: _____ formulaire acheté : _____

Date/Temps	Entretien/Commentaires	Kilométrage

Remarques:
_____
_____
_____
_____
_____
_____

Année: _____ **Mois:** _____ **Modèle:** _____

Date / Temps	Changement d'huile	Filtre à air	Pneus d'équilibre	Alignement des roues	Filtre à carburant	Entretien des freins	Bougies	Transmission	Balais d'essuie-glace	Batteries	Radiateur	Ceintures	Kilométrage

faire: Date d'achat:

modèle: prix d'achat :

plaque d'immatriculation: formulaire acheté :

Date/Temps	Entretien/Commentaires	Kilométrage

Remarques:
___
___
___
___
___
___

Année: _____ **Mois:** _____ **Modèle:** _____

Date / Temps	Changement d'huile	Filtre à air	Pneus d'équilibre	Alignement des roues	Filtre à carburant	Entretien des freins	Bougies	Transmission	Balais d'essuie-glace	Batteries	Radiateur	Ceintures	Kilométrage

faire: Date d'achat:
modèle: prix d'achat :
plaque d'immatriculation: formulaire acheté :

DATE/TEMPS	ENTRETIEN/COMMENTAIRES	KILOMÉTRAGE

Remarques:

Année: _____ **Mois:** _____ **Modèle:** _____

Date/Temps	Changement d'huile	Filtre à air	Pneus d'équilibre	Alignement des roues	Filtre à carburant	Entretien des freins	Bougies	Transmission	Balais d'essuie-glace	Batteries	Radiateur	Ceintures	Kilométrage

faire: _____ Date d'achat: _____

modèle: _____ prix d'achat : _____

plaque d'immatriculation: _____ formulaire acheté : _____

Date/Temps	Entretien/Commentaires	Kilométrage

Remarques:

Année: _____ **Mois:** _____ **Modèle:** _____

Date/Temps	Changement d'huile	Filtre à air	Pneus d'équilibre	Alignement des roues	Filtre à carburant	Entretien des freins	Bougies	Transmission	Balais d'essuie-glace	Batteries	Radiateur	Ceintures	Kilométrage

faire: _____ Date d'achat: _____

modèle: _____ prix d'achat : _____

plaque d'immatriculation: _____ formulaire acheté : _____

Date/Temps	Entretien/Commentaires	Kilométrage

Remarques:

Année: _____ **Mois:** _____ **Modèle:** _____

Date/Temps	Changement d'huile	Filtre à air	Pneus d'équilibre	Alignement des roues	Filtre à carburant	Entretien des freins	Bougies	Transmission	Balais d'essuie-glace	Batteries	Radiateur	Ceintures	Kilométrage

faire: Date d'achat:

modèle: prix d'achat :

plaque d'immatriculation: formulaire acheté :

Date/Temps	Entretien/Commentaires	Kilométrage

Remarques:

Année: _____ **Mois:** _____ **Modèle:** _____

Date / Temps	Changement d'huile	Filtre à air	Pneus d'équilibre	Alignement des roues	Filtre à carburant	entretien des freins	Bougies	Transmission	Balais d'essuie-glace	Batteries	Radiateur	Ceintures	Kilométrage

faire: Date d'achat:
modèle: prix d'achat :
plaque d'immatriculation: formulaire acheté :

Date/Temps	Entretien/Commentaires	Kilométrage

Remarques:

Année: _____ **Mois:** _____ **Modèle:** _____

Date / Temps	Changement d'huile	Filtre à air	Pneus d'équilibre	Alignement des roues	Filtre à carburant	Entretien des freins	Bougies	Transmission	Balais d'essuie-glace	Batteries	Radiateur	Ceintures	Kilométrage

faire: Date d'achat:

modèle: prix d'achat :

plaque d'immatriculation: formulaire acheté :

Date/Temps	Entretien/Commentaires	Kilométrage

Remarques:

Année: _____ **Mois:** _____ **Modèle:** _____

Date/Temps	Changement d'huile	Filtre à air	Pneus d'équilibre	Alignement des roues	Filtre à carburant	Entretien des freins	Bougies	Transmission	Balais d'essuie-glace	Batteries	Radiateur	Ceintures	Kilométrage

faire: Date d'achat:
modèle: prix d'achat :
plaque d'immatriculation: formulaire acheté :

Date/Temps	Entretien/Commentaires	Kilométrage

Remarques:

Année: _____ **Mois:** _____ **Modèle:** _____

Date / Temps	Changement d'huile	Filtre à air	Pneus d'équilibre	Alignement des roues	Filtre à carburant	Entretien des freins	Bougies	Transmission	Balais d'essuie-glace	Batteries	Radiateur	Ceintures	Kilométrage

faire: Date d'achat:

modèle: prix d'achat :

plaque d'immatriculation: formulaire acheté :

Date/Temps	Entretien/Commentaires	Kilométrage

Remarques:

Année: _____ **Mois:** _____ **Modèle:** _____

Date / Temps	Changement d'huile	Filtre à air	Pneus d'équilibre	Alignement des roues	Filtre à carburant	Entretien des freins	Bougies	Transmission	Balais d'essuie-glace	Batteries	Radiateur	Ceintures	Kilométrage

faire: _____ Date d'achat: _____

modèle: _____ prix d'achat : _____

plaque d'immatriculation: _____ formulaire acheté : _____

Date/Temps	Entretien/Commentaires	Kilométrage

Remarques:

Année: _____ **Mois:** _____ **Modèle:** _____

Date/Temps	Changement d'huile	Filtre à air	Pneus d'équilibre	Alignement des roues	Filtre à carburant	Entretien des freins	Bougies	Transmission	Balais d'essuie-glace	Batteries	Radiateur	Ceintures	Kilométrage

faire: Date d'achat:

modèle: prix d'achat :

plaque d'immatriculation: formulaire acheté :

DATE/TEMPS	ENTRETIEN/COMMENTAIRES	KILOMÉTRAGE

Remarques:

Année: _____   Mois: _____   Modèle: _____

Date / Temps	Changement d'huile	Filtre à air	Pneus d'équilibre	Alignement des roues	Filtre à carburant	Entretien des freins	Bougies	Transmission	Balais d'essuie-glace	Batteries	Radiateur	Ceintures	Kilométrage

faire: _____ Date d'achat: _____

modèle: _____ prix d'achat : _____

plaque d'immatriculation: _____ formulaire acheté : _____

Date/Temps	Entretien/Commentaires	Kilométrage

Remarques:
_____
_____
_____
_____
_____
_____

Année: _____ **Mois:** _____ **Modèle:** _____

Date / Temps	Changement d'huile	Filtre à air	Pneus d'équilibre	Alignement des roues	Filtre à carburant	Entretien des freins	Bougies	Transmission	Balais d'essuie-glace	Batteries	Radiateur	Ceintures	Kilométrage

faire: _____ Date d'achat: _____

modèle: _____ prix d'achat : _____

plaque d'immatriculation: _____ formulaire acheté : _____

Date/Temps	Entretien/Commentaires	Kilométrage

Remarques:

Année: _____ **Mois:** _____ **Modèle:** _____

Date/Temps	Changement d'huile	Filtre à air	Pneus d'équilibre	Alignement des roues	Filtre à carburant	Entretien des freins	Bougies	Transmission	Balais d'essuie-glace	Batteries	Radiateur	Ceintures	Kilométrage

faire: Date d'achat:
modèle: prix d'achat :
plaque d'immatriculation: formulaire acheté :

Date/Temps	Entretien/Commentaires	Kilométrage

Remarques:

Année: _____ **Mois:** _____ **Modèle:** _____

Date / Temps	Changement d'huile	Filtre à air	Pneus d'équilibre	Alignement des roues	Filtre à carburant	Entretien des freins	Bougies	Transmission	Balais d'essuie-glace	Batteries	Radiateur	Ceintures	Kilométrage

faire: _____ Date d'achat: _____

modèle: _____ prix d'achat : _____

plaque d'immatriculation: _____ formulaire acheté : _____

Date/Temps	Entretien/Commentaires	Kilométrage

Remarques:
_____
_____
_____
_____
_____
_____

Année: _____ **Mois:** _____ **Modèle:** _____

Date/Temps	Changement d'huile	Filtre à air	Pneus d'équilibre	Alignement des roues	Filtre à carburant	Entretien des freins	Bougies	Transmission	Balais d'essuie-glace	Batteries	Radiateur	Ceintures	Kilométrage

faire: _____ Date d'achat: _____

modèle: _____ prix d'achat : _____

plaque d'immatriculation: _____ formulaire acheté : _____

Date/Temps	Entretien/Commentaires	Kilométrage

Remarques:
_____
_____
_____
_____
_____
_____

| Année: _____ | | | | | | | | | | | Mois: _____ | Modèle: _____ |

Date / Temps	Changement d'huile	Filtre à air	Pneus d'équilibre	Alignement des roues	Filtre à carburant	Entretien des freins	Bougies	Transmission	Balais d'essuie-glace	Batteries	Radiateur	Ceintures	Kilométrage

faire: _____ Date d'achat: _____

modèle: _____ prix d'achat : _____

plaque d'immatriculation: _____ formulaire acheté : _____

Date/Temps	Entretien/Commentaires	Kilométrage

Remarques:

Année: _____ **Mois:** _____ **Modèle:** _____

Date/Temps	Changement d'huile	Filtre à air	Pneus d'équilibre	Alignement des roues	Filtre à carburant	Entretien des freins	Bougies	Transmission	Balais d'essuie-glace	Batteries	Radiateur	Ceintures	Kilométrage

faire: Date d'achat:

modèle: prix d'achat :

plaque d'immatriculation: formulaire acheté :

Date/Temps	Entretien/Commentaires	Kilométrage

Remarques:

Année: _____ **Mois:** _____ **Modèle:** _____

Date / Temps	Changement d'huile	Filtre à air	Pneus d'équilibre	Alignement des roues	Filtre à carburant	Entretien des freins	Bougies	Transmission	Balais d'essuie-glace	Batteries	Radiateur	Ceintures	Kilométrage

faire: Date d'achat:

modèle: prix d'achat :

plaque d'immatriculation: formulaire acheté :

Date/Temps	Entretien/Commentaires	Kilométrage

Remarques:
___
___
___
___
___
___

Année: _____   Mois: _____   Modèle: _____

Date/Temps	Changement d'huile	Filtre à air	Pneus d'équilibre	Alignement des roues	Filtre à carburant	Entretien des freins	Bougies	Transmission	Balais d'essuie-glace	Batteries	Radiateur	Ceintures	Kilométrage

faire: Date d'achat:

modèle: prix d'achat :

plaque d'immatriculation: formulaire acheté :

Date/Temps	Entretien/Commentaires	Kilométrage

Remarques:

Année: _____   **Mois:** _____   **Modèle:** _____

Date / Temps	Changement d'huile	Filtre à air	Pneus d'équilibre	Alignement des roues	Filtre à carburant	Entretien des freins	Bougies	Transmission	Balais d'essuie-glace	Batteries	Radiateur	Ceintures	Kilométrage

faire: _____   Date d'achat: _____

modèle: _____   prix d'achat : _____

plaque d'immatriculation: _____   formulaire acheté : _____

Date/Temps	Entretien/Commentaires	Kilométrage

Remarques:
_____
_____
_____
_____
_____
_____

Année: _____ **Mois:** _____ **Modèle:** _____

Date/Temps	Changement d'huile	Filtre à air	Pneus d'équilibre	Alignement des roues	Filtre à carburant	Entretien des freins	Bougies	Transmission	Balais d'essuie-glace	Batteries	Radiateur	Ceintures	Kilométrage

faire: Date d'achat:

modèle: prix d'achat :

plaque d'immatriculation: formulaire acheté :

Date/Temps	Entretien/Commentaires	Kilométrage

Remarques:
___
___
___
___
___
___

Année: _____ **Mois:** _____ **Modèle:** _____

Date / Temps	Changement d'huile	Filtre à air	Pneus d'équilibre	Alignement des roues	Filtre à carburant	Entretien des freins	Bougies	Transmission	Balais d'essuie-glace	Batteries	Radiateur	Ceintures	Kilométrage

faire: _____ Date d'achat: _____

modèle: _____ prix d'achat : _____

plaque d'immatriculation: _____ formulaire acheté : _____

Date/Temps	Entretien/Commentaires	Kilométrage

Remarques:
_____
_____
_____
_____
_____
_____
_____

Année: _____ **Mois:** _____ **Modèle:** _____

Date / Temps	Changement d'huile	Filtre à air	Pneus d'équilibre	Alignement des roues	Filtre à carburant	Entretien des freins	Bougies	Transmission	Balais d'essuie-glace	Batteries	Radiateur	Ceintures	Kilométrage

faire: Date d'achat:

modèle: prix d'achat :

plaque d'immatriculation: formulaire acheté :

Date/Temps	Entretien/Commentaires	Kilométrage

Remarques:

Année: _____ Mois: _____ Modèle: _____

Date/Temps	Changement d'huile	Filtre à air	Pneus d'équilibre	Alignement des roues	Filtre à carburant	Entretien des freins	Bougies	Transmission	Balais d'essuie-glace	Batteries	Radiateur	Ceintures	Kilométrage

faire: Date d'achat:

modèle: prix d'achat :

plaque d'immatriculation: formulaire acheté :

Date/Temps	Entretien/Commentaires	Kilométrage

Remarques:

Année: _____ **Mois:** _____ **Modèle:** _____

Date / Temps	Changement d'huile	Filtre à air	Pneus d'équilibre	Alignement des roues	Filtre à carburant	Entretien des freins	Bougies	Transmission	Balais d'essuie-glace	Batteries	Radiateur	Ceintures	Kilométrage

faire: Date d'achat:

modèle: prix d'achat :

plaque d'immatriculation: formulaire acheté :

Date/Temps	Entretien/Commentaires	Kilométrage

Remarques:

Année: _____ **Mois:** _____ **Modèle:** _____

Date / Temps	Changement d'huile	Filtre à air	Pneus d'équilibre	Alignement des roues	Filtre à carburant	Entretien des freins	Bougies	Transmission	Balais d'essuie-glace	Batteries	Radiateur	Ceintures	Kilométrage

faire: _____ Date d'achat: _____

modèle: _____ prix d'achat : _____

plaque d'immatriculation: _____ formulaire acheté : _____

Date/Temps	Entretien/Commentaires	Kilométrage

Remarques:

Année: _____ Mois: _____ Modèle: _____

Date / Temps	Changement d'huile	Filtre à air	Pneus d'équilibre	Alignement des roues	Filtre à carburant	Entretien des freins	Bougies	Transmission	Balais d'essuie-glace	Batteries	Radiateur	Ceintures	Kilométrage

faire: Date d'achat:

modèle: prix d'achat :

plaque d'immatriculation: formulaire acheté :

Date/Temps	Entretien/Commentaires	Kilométrage

Remarques:

Année: _____   Mois: _____   Modèle: _____

Date/Temps	Changement d'huile	Filtre à air	Pneus d'équilibre	Alignement des roues	Filtre à carburant	entretien des freins	Bougies	Transmission	Balais d'essuie-glace	Batteries	Radiateur	Ceintures	Kilométrage

faire: Date d'achat:

modèle: prix d'achat :

plaque d'immatriculation: formulaire acheté :

Date/Temps	Entretien/Commentaires	Kilométrage

Remarques:

Année: _____ **Mois:** _____ **Modèle:** _____

Date / Temps	Changement d'huile	Filtre à air	Pneus d'équilibre	Alignement des roues	Filtre à carburant	Entretien des freins	Bougies	Transmission	Balais d'essuie-glace	Batteries	Radiateur	Ceintures	Kilométrage

faire: Date d'achat:

modèle: prix d'achat :

plaque d'immatriculation: formulaire acheté :

Date/Temps	Entretien/Commentaires	Kilométrage

Remarques:

_____
_____
_____
_____
_____
_____

Année: _____ **Mois:** _____ **Modèle:** _____

Date / Temps	Changement d'huile	Filtre à air	Pneus d'équilibre	Alignement des roues	Filtre à carburant	entretien des freins	Bougies	Transmission	Balais d'essuie-glace	Batteries	Radiateur	Ceintures	Kilométrage

faire: Date d'achat:

modèle: prix d'achat :

plaque d'immatriculation: formulaire acheté :

Date/Temps	Entretien/Commentaires	Kilométrage

Remarques:

Année: _____ **Mois:** _____ **Modèle:** _____

Date/Temps	Changement d'huile	Filtre à air	Pneus d'équilibre	Alignement des roues	Filtre à carburant	Entretien des freins	Bougies	Transmission	Balais d'essuie-glace	Batteries	Radiateur	Ceintures	Kilométrage

faire: _____ Date d'achat: _____

modèle: _____ prix d'achat : _____

plaque d'immatriculation: _____ formulaire acheté : _____

Date/Temps	Entretien/Commentaires	Kilométrage

Remarques:

Année: _____ **Mois:** _____ **Modèle:** _____

Date / Temps	Changement d'huile	Filtre à air	Pneus d'équilibre	Alignement des roues	Filtre à carburant	Entretien des freins	Bougies	Transmission	Balais d'essuie-glace	Batteries	Radiateur	Ceintures	Kilométrage

faire: Date d'achat:

modèle: prix d'achat :

plaque d'immatriculation: formulaire acheté :

Date/Temps	Entretien/Commentaires	Kilométrage

Remarques:

Année: _____ **Mois:** _____ **Modèle:** _____

Date / Temps	Changement d'huile	Filtre à air	Pneus d'équilibre	Alignement des roues	Filtre à carburant	entretien des freins	Bougies	Transmission	Balais d'essuie-glace	Batteries	Radiateur	Ceintures	Kilométrage

faire: Date d'achat:

modèle: prix d'achat :

plaque d'immatriculation: formulaire acheté :

Date/Temps	Entretien/Commentaires	Kilométrage

Remarques:

Année: _____ **Mois:** _____ **Modèle:** _____

Date/Temps	Changement d'huile	Filtre à air	Pneus d'équilibre	Alignement des roues	Filtre à carburant	Entretien des freins	Bougies	Transmission	Balais d'essuie-glace	Batteries	Radiateur	Ceintures	Kilométrage

faire: _____ Date d'achat: _____
modèle: _____ prix d'achat : _____
plaque d'immatriculation: _____ formulaire acheté : _____

Date/Temps	Entretien/Commentaires	Kilométrage

Remarques:
_____
_____
_____
_____
_____
_____

Année: _____ **Mois:** _____ **Modèle:** _____

Date/Temps	Changement d'huile	Filtre à air	Pneus d'équilibre	Alignement des roues	Filtre à carburant	entretien des freins	Bougies	Transmission	Balais d'essuie-glace	Batteries	Radiateur	Ceintures	Kilométrage

faire: Date d'achat:

modèle: prix d'achat :

plaque d'immatriculation: formulaire acheté :

Date/Temps	Entretien/Commentaires	Kilométrage

Remarques:

Année: _____ Mois: _____ Modèle: _____

Date/Temps	Changement d'huile	Filtre à air	Pneus d'équilibre	Alignement des roues	Filtre à carburant	Entretien des freins	Bougies	Transmission	Balais d'essuie-glace	Batteries	Radiateur	Ceintures	Kilométrage

faire: Date d'achat:

modèle: prix d'achat :

plaque d'immatriculation: formulaire acheté :

Date/Temps	Entretien/Commentaires	Kilométrage

Remarques:
_____
_____
_____
_____
_____
_____

Année: _____ **Mois:** _____ **Modèle:** _____

Date/Temps	Changement d'huile	Filtre à air	Pneus et équilibre	Alignement des roues	Filtre à carburant	Entretien des freins	Bougies	Transmission	Balais d'essuie-glace	Batteries	Radiateur	Ceintures	Kilométrage

faire: _____ Date d'achat: _____

modèle: _____ prix d'achat : _____

plaque d'immatriculation: _____ formulaire acheté : _____

Date/Temps	Entretien/Commentaires	Kilométrage

Remarques:

Année: _____ **Mois:** _____ **Modèle:** _____

Date/Temps	Changement d'huile	Filtre à air	Pneus d'équilibre	Alignement des roues	Filtre à carburant	Entretien des freins	Bougies	Transmission	Balais d'essuie-glace	Batteries	Radiateur	Ceintures	Kilométrage

faire: Date d'achat:

modèle: prix d'achat :

plaque d'immatriculation: formulaire acheté :

Date/Temps	Entretien/Commentaires	Kilométrage

Remarques:

Année: _____ **Mois:** _____ **Modèle:** _____

Date / Temps	Changement d'huile	Filtre à air	Pneus d'équilibre	Alignement des roues	Filtre à carburant	Entretien des freins	Bougies	Transmission	Balais d'essuie-glace	Batteries	Radiateur	Ceintures	Kilométrage

faire: Date d'achat:

modèle: prix d'achat :

plaque d'immatriculation: formulaire acheté :

Date/Temps	Entretien/Commentaires	Kilométrage

Remarques:

Année: _____ Mois: _____ Modèle: _____

Date / Temps	Changement d'huile	Filtre à air	Pneus d'équilibre	Alignement des roues	Filtre à carburant	Entretien des freins	Bougies	Transmission	Balais d'essuie-glace	Batteries	Radiateur	Ceintures	Kilométrage

faire: _____ Date d'achat: _____

modèle: _____ prix d'achat : _____

plaque d'immatriculation: _____ formulaire acheté : _____

Date/Temps	Entretien/Commentaires	Kilométrage

Remarques:

Année: _____ **Mois:** _____ **Modèle:** _____

Date/Temps	Changement d'huile	Filtre à air	Pneus d'équilibre	Alignement des roues	Filtre à carburant	Entretien des freins	Bougies	Transmission	Balais d'essuie-glace	Batteries	Radiateur	Ceintures	Kilométrage

faire: _____ Date d'achat: _____

modèle: _____ prix d'achat : _____

plaque d'immatriculation: _____ formulaire acheté : _____

Date/Temps	Entretien/Commentaires	Kilométrage

Remarques:

Date / Temps	Changement d'huile	Filtre à air	Pneus d'équilibre	Alignement des roues	Filtre à carburant	entretien des freins	Bougies	Transmission	Balais d'essuie-glace	Batteries	Radiateur	Ceintures	Kilométrage

Année: _____ Mois: _____ Modèle: _____

faire: Date d'achat:

modèle: prix d'achat :

plaque d'immatriculation: formulaire acheté :

Date/Temps	Entretien/Commentaires	Kilométrage

Remarques:

Année: _____   Mois: _____   Modèle: _____

Date/Temps	Changement d'huile	Filtre à air	Pneus d'équilibre	Alignement des roues	Filtre à carburant	Entretien des freins	Bougies	Transmission	Balais d'essuie-glace	Batteries	Radiateur	Ceintures	Kilométrage

faire: Date d'achat:

modèle: prix d'achat :

plaque d'immatriculation: formulaire acheté :

Date/Temps	Entretien/Commentaires	Kilométrage

Remarques:
_____
_____
_____
_____
_____
_____

Année: _____ **Mois:** _____ **Modèle:** _____

Date / Temps	Changement d'huile	Filtre à air	Pneus, d'équilibre	Alignement des roues	Filtre à carburant	Entretien des freins	Bougies	Transmission	Balais d'essuie-glace	Batteries	Radiateur	Ceintures	Kilométrage

faire: _____   Date d'achat: _____

modèle: _____   prix d'achat : _____

plaque d'immatriculation: _____   formulaire acheté : _____

Date/Temps	Entretien/Commentaires	Kilométrage

Remarques:

www.ingramcontent.com/pod-product-compliance
Lightning Source LLC
LaVergne TN
LVHW021053100526
838202LV00083B/5843